# 细说大前门

北京市文物保护协会副理事长、原北京中轴线遗产保护中心主任　关战修

北京人俗称的“大前门”，就是位于天安门广场南侧的正阳门城楼和箭楼，如今也多指正阳门的箭楼。它造型庄严，气势恢宏，曾是北京内城“京师九门”之首，也是北京城最具象征意义的历史建筑。六百年前的正阳门，和我们今天所看到的大不相同。“前门楼子九丈九，四门三桥五牌楼”，一句流传至今的俗语诉说着老北京人对大前门的深厚情感。关于这座有着百年历史的大前门，除了书中的故事之外，还有哪些往事可讲，我们不如在这里细细说来。

## ◎大前门究竟有几个好名字？

书中的故事告诉我们：大前门也叫“正阳门”。其实，它最早的名字叫“丽正门”，为建于元朝至元四年（1267）的元大都的正南门，其位置大约在今天的天安门广场北端。当时丽正门并没有修建箭楼和瓮城，仅是一座阁楼式的重檐城楼。明永乐四年（1406），明成祖朱棣开始营建北京城，将元大都南城垣向南拓展，丽正门也迁到了现在正阳门城楼的位置，形制不变，名称依然沿用“丽正门”。明正统元年至四年（1436—1439），明英宗在丽正门城楼的基础上增建了南侧的箭楼与东西闸楼，形成防御能力超强的瓮城，后来又建造了石桥、牌楼等，形成了一组规模宏大、气势庄严的建筑群，丽正门也正式更名为“正阳门”。

## ◎正阳门是一种怎样的结构？

正阳门是由箭楼、东西闸楼、城楼组成的瓮城结构。在古代，“瓮城”是城市的防御设施，多呈半圆形，因似瓮，故称为“瓮城”。假如有敌人攻入瓮城，可以关闭四门，将敌人包围在瓮城内，形成“瓮中捉鳖”的攻击态势。明清时期的“京师九门”都有瓮城结构，但以正阳门的形制最为壮丽宏大。正阳门的箭楼共有四层，南、东、西三面都开辟箭窗——南面每层各十三孔，东西两面每层各四孔，这些小孔是用来射箭以防御外敌入侵的。在现存古代建筑中，正阳门箭楼最能体现中国古代军事防御思想和技术水平，在北京城门建筑中极具象征意义。

正阳门的瓮城中曾有两座庙宇，东面为观音庙，西面为关帝庙。“京师九门”的城门内都建有象征守护意义的庙宇，但只有正阳门的瓮城内建有两座庙宇，这也是“九门十座庙”说法的由来——多出来的一座庙就在这里。然而，不管是庙宇、瓮城城墙还是东西闸楼，如今都已看不到了。幸而有箭楼与城楼保留下来，能让我们一睹“京师九门”之首的壮丽风采。

## ◎什么是“四门三桥五牌楼”？

正阳门作为“京师九门”之首，素有“四门三桥五牌楼”的说法，这里的数字可不仅仅代表数量哟！

四门，指的是正阳门箭楼、城楼和东西两侧闸楼的门洞数量。我们从文中得知，在北京内城的九座城门中，只有正阳门的箭楼开有正向的（朝南）门洞。明清时期，正阳门箭楼的城门平时都是关闭的，只有皇帝在仲春亥日去先农坛祭祀先农神以及冬至日去天坛祭天时，才会打开箭楼下面的城门让皇帝通过，俗称“走龙车”。而老百姓日常出行，就只能走东西两侧的闸楼门洞了。其实，内城的其他八座城门虽然也开有侧向的门洞，但都因其不同的城市功能，有着不同的俗称，比如“走酒车”的崇文门、“走粮车”的朝阳门、“走煤车”的阜成门等。如果你感兴趣的话，可以去查一查更多关于“京师九门”的故事。

三桥，指的是箭楼南侧护城河上的正阳桥，也是书中皇帝的仪仗队经过的那座石桥。正阳桥的桥面非常宽阔，被栏杆分成了三条通道——“三桥”的说法由此而来。那时的正阳桥还是一座有坡度的拱桥，后来几经重修，渐渐被修成便于车辆通行的平直桥面。你可以在书中找找，哪一时期的画面中可以看到平直的正阳桥。

五牌楼，指的是正阳桥前面那座五开间的牌楼。明代时，“京师九门”前方都建有牌楼，但正阳门的牌楼规制最高。如今前门大街上依然可以看到一座五牌楼，却是后来复建的，规制与材料已和过去不同了。你可以和书中对比着看一看。

## ◎正阳门经过几次焚毁与重建？

在漫长的六百年间，正阳门经历了五次焚毁与重建。书中讲述的正是第五次焚毁，也是最为严重的一次。1900 年的“庚子事变”中，义和团为扶清灭洋、抵制洋货，于 6 月 16 日火烧位于大栅栏的“老德记”洋药铺，却不承想，火势借助强劲的南风迅速蔓延开来，最终殃及正阳门，造成箭楼被焚毁。两个多月后，八国联军侵占北京城，英国部队驻扎瓮城时，雇佣的印度兵在正阳门木质结构的城楼上做饭，引燃了大火，导致城楼也被焚毁。当时的清政府内忧外患，一时拿不出钱来重建，慈禧太后下令后，时任直隶总督的袁世凯及各省官员捐资近五十万两白银，箭楼与城楼才得以复建。

## ◎正阳门的箭楼怎样变成如今的样子？

在几番重建与改造的过程中，正阳门的箭楼与城楼在大体规制不变的基础上进行了一些调整，书中的图画就有所体现。纵观全书，我们可以发现图画中箭楼抱厦的箭窗数量不一样了，这可不是画家的“笔误”哟！时代不同，箭楼抱厦的开窗数量几经变化。从书中可以看到，正阳门箭楼得以修复后，抱厦东西两侧只分别开了一扇窗。1915 年，时任市政督办的朱启钤聘请德国建筑师罗克格负责瓮城的改造设计，在拆除瓮城的同时，也对箭楼进行了改造性修缮，比如在东西两侧修建了悬空的白色月台，在北面修筑登上箭楼的楼梯，给箭窗增加了白色的窗楣。从图中可知，此时箭楼抱厦的东西两侧也由单调的一扇箭窗改为五扇。改造中，还使用了当时世界上最新型的建筑材料——钢筋水泥，使得正阳门箭楼由此成为中式结构与西方元素相结合的标志性建筑。大家如果有兴趣，还可以查查正阳门箭楼与法国埃菲尔铁塔的某种联系。

## ◎为什么说雨燕是正阳门的老朋友？

故事中的“雨燕”指的是“北京雨燕”，是雨燕的一个亚种，因为它们最喜欢在高大的木质建筑（城楼）上安家，所以也叫“楼燕”。如果你在书中仔细观察，会发现在正阳门陷入大火的那幅图画中，有只燕子正从城楼飞走，留给我们一个仓皇的背影。是的，其实北京雨燕与正阳门已有百年情谊。每年的四月初，它们都会从遥远的南非经古丝绸之路飞回北京，到了七八月份，再原路返回，迁徙过冬。历经数百年时光，正阳门城楼始终是北京雨燕的家，这离不开越来越多的人对历史文脉的研究和对北京古建筑的保护。

在这本四十几页的图画书中，大前门好似一位耄耋老人，将它的经历向我们娓娓诉说。这六百多年里，它见证了北京城的繁荣与萧条，也见证了很多重要的历史时刻。作为北京城最具代表性的城门建筑，大前门的故事还在继续。而我们要做的，是走近它，了解它，保护它，把它的故事讲给更多的人听。

编者的话：

在这本书的创作过程中，于大武老师查阅了大量图文资料，在此基础上进行了一定的艺术处理，使画面更符合绘本的艺术表达。如果小读者们因此对大前门及北京其他城门的相关历史感兴趣，欢迎去大前门一带游览，也可以去中国铁道博物馆、北京明城墙遗址公园等地参观，了解更多历史知识。

# 百年大前门

于大武　文／图

这就是我。

在这座北京城，我已经存在六百多年了……

二十一世纪出版社集团
21st Century Publishing Group

我的名字叫“正阳门”，是明清时期北京内城的正南门。

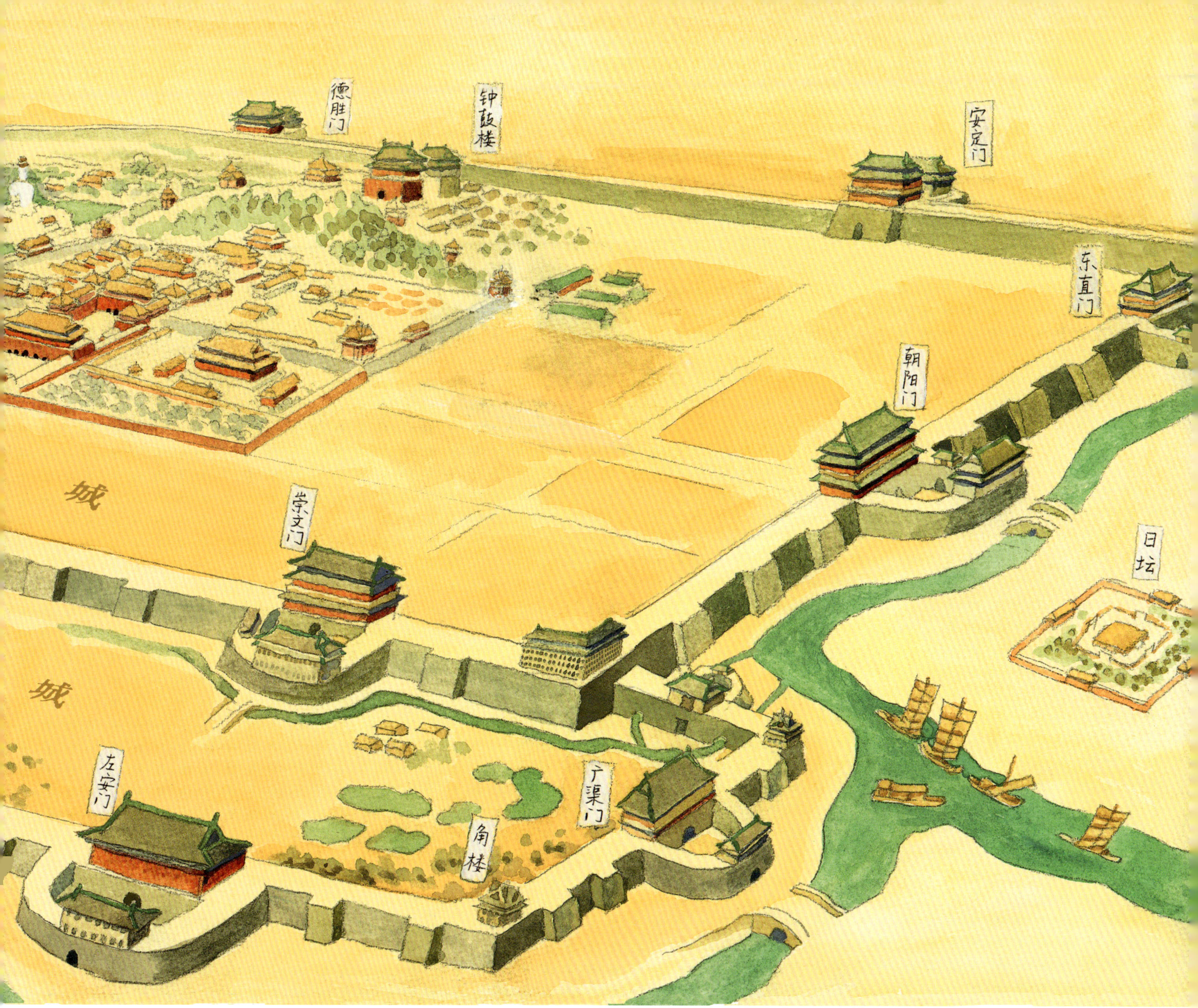


因为建在皇宫的前方，所以北京人又叫我“大前门”。

城墙将我的箭楼、城楼和闸楼围成了一个瓮城结构。

我坐落在北京城的中轴线上，是内城与外城的交汇点。
每天，我都能看到来往于内外城的人们在我两侧的闸门进进出出。

虽然我的箭楼开有门洞，
但在那个时候，只有皇帝出行的仪仗队才能从这里通过。

于是，我的正门便有了个特殊的职能，叫“走龙车”。

在北京城中，我所在的地方是最热闹的。
记得乾隆年间，有位江南盐商为了给皇帝庆祝八十大寿，带着久负盛名的徽班进京演出。

那婉转悠扬的唱腔、精彩绝伦的表演，吸引了众多百姓前来捧场。

自那以后，越来越多的戏院开在这一带，后人便将我这里誉为国粹京剧的发祥地。

除此之外，很多老字号也聚集在这儿：

“全聚德”烤鸭店、“六必居”酱菜园、“瑞蚨祥”绸缎店、“同仁堂”药店……

渐渐地，我这一带成了有名的商业街。

五湖四海的商人们慕名前来，在这里开设店铺，拓展生意，甚至还有人开起了洋货铺。

可惜，好景不长，繁荣的景象很快就发生了改变……

我记得那是 1900 年，义和团因为抵制洋货，火烧了洋药铺，

大火借着风势迅速蔓延，我的箭楼因此被毁。

两个多月后，八国联军侵占北京城，我的城楼被烧毁了。
就这样，我在接连而来的灾祸中变得残破不堪……

那一年，清朝的慈禧太后和光绪皇帝逃离了北京城，一年多以后返京。

为了迎接他们，在当时内忧外患的情况下，
朝廷还是在我的箭楼和城楼上各搭建了一个五牌楼。

慈禧太后回宫后，大概觉得临时搭建的五牌楼有些简陋，于是下令对我进行修复。

可由于当时国库空虚，直到一年多以后，修复工程才正式动工。

1903 年，英国人在我的箭楼东侧修建京奉铁路正阳门东车站。
三年后，车站建成。

德国蒸汽机车的引进，让这座火车站成为当时全国规模最大、设备十分先进的客运站。
由于这座火车站与我比邻而居，北京人又叫它“前门火车站”。

来往于火车站和周边商铺的人越来越多，常常造成严重的交通拥堵，
有人认为这都是我的瓮城结构造成的。

1914 年，当时的市政督办提出了瓮城改造计划。

后来，我的城墙与闸楼被拆除了……

铛铛铛！
1924 年的年末，我第一次听到这清脆的铜铃声——有轨电车通车了！

每当司机踩下踏板，车头的铜铃铛便会发出铛铛声，提醒行人注意避让。
因此，它被人们亲切地称为“铛铛车”。

1949 年 1 月 31 日，中国人民解放军经过坚持不懈的努力，和平解放了北京城*。
2 月 3 日那天，北京城里举行了盛大的解放军入城仪式。

* 当时的北京称为北平。

“欢迎欢迎，热烈欢迎！”看着老百姓脸上洋溢着幸福的笑容，我的心里也暖融融的。历经风雨，我们终于迎来了晴朗的日子！

红旗舞动庆新生，古城沐日展春潮。

新中国成立后，中国人民意气风发，纷纷投入建设新中国的浪潮。

火树银花不夜天，千家万户尽欢颜。

每逢喜庆的日子，我的城楼流光溢彩，成为我和人们共同的记忆。

时间很快来到了 21 世纪，北京城发生了翻天覆地的变化。

如今早已不见蒸汽机车和铛铛车的影子。
人们想要来看我，可以选择更先进、更便捷的交通工具。

2008 年的北京奥运之夜，“大脚印”烟花在我头顶上空绽放。

我听到了人们的欢呼声："大脚印！大脚印！"
璀璨的烟花照亮了我的身影，我很高兴能见证这重要的时刻。

看，雨燕回来啦！它们可是我的老朋友。

每年的这个时候，雨燕都会日夜兼程，从地球的另一端迁徙而来。
它们朝着我的城楼飞来，这里是它们繁衍生息的家。

再告诉你们一个秘密吧！

如果你们来到这里，记得找找我脚下的“中国公路零公里点”标志牌。

它是中国公路网的一个标志性起点，

你们可以从这里出发，在新的征程上大展才华！

## 于大武

1948年生于北京，曾在人民美术出版社从事画册、童书等的编辑工作，同期创作了许多连环画和儿童读物插画作品，并将这一爱好延续至今。擅长运用工笔画手法来描绘古典文学题材，表现中国传统绘画之美。作品《哪吒闹海》于1989年获联合国教科文组织亚洲文化中心第六届野间儿童图书插图比赛大奖。绘本作品有“西游记三部曲”、《北京的春节》、《一条大河》、《草原上的朋友》、《北京：中轴线上的城市》等。


图书在版编目（CIP）数据

百年大前门 / 于大武文、图 . — 南昌 : 二十一世纪出版社集团 , 2024.2
ISBN 978-7-5568-7993-9

Ⅰ . ①百… Ⅱ . ①于… Ⅲ . ①商业街 – 介绍 – 北京
Ⅳ . ① F727.1

中国国家版本馆 CIP 数据核字 (2024) 第 019173 号

**百年大前门**
BAINIAN DAQIANMEN

于大武 文 / 图

出 版 人：刘凯军
策划编辑：高 媛
责任编辑：殷学连
特约编辑：高 媛
责任印制：李彦红
出版发行：二十一世纪出版社集团
（江西省南昌市子安路 75 号 330025）
网 址：www.21cccc.com
经 销：全国新华书店
印 刷：鸿博昊天科技有限公司
版 次：2024 年 2 月第 1 版
印 次：2024 年 2 月第 1 次印刷
开 本：787 mm × 1092 mm 1/12
印 张：3.67
书 号：ISBN 978-7-5568-7993-9
定 价：49.80 元